ADORADORES FIELES DE ESTA GENERACIÓN

Rodrigo G. Izidoro Silva

ADORADORES FIELES DE ESTA GENERACIÓN

Revisión y corrección a cargo de: Hugo Navarrete Vargas
Diseño de portada: Iván Giovanni López Tineo
Editado por: Cristian Publishing House Vía letras.

Primera edición. Sao Paulo: Editora Lucel. 2017. 80 p.

Segunda edición: Noviembre 2018

ISBN-10: 0578415232
ISBN-13: 978-0578415239

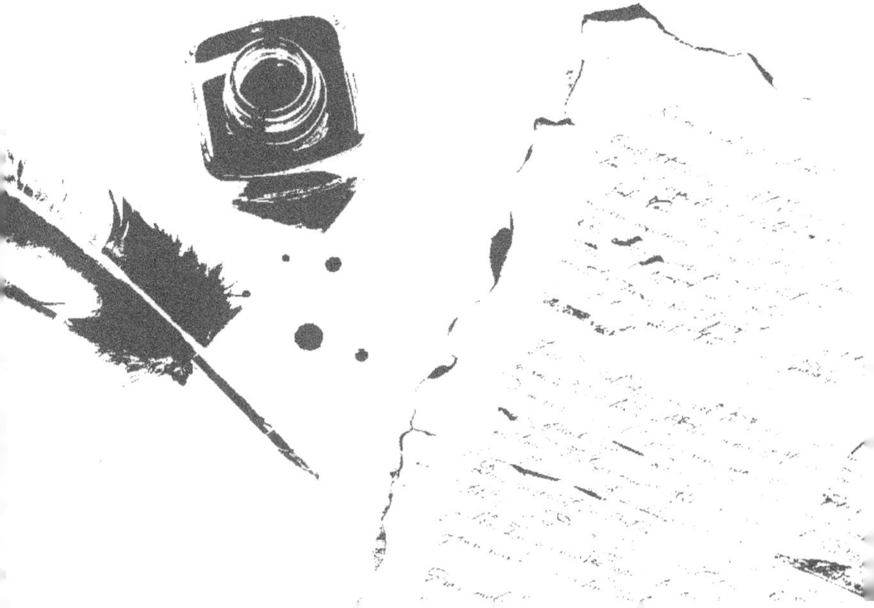

ÍNDICE

Dedicatoria
Agradecimientos

Adoradores fieles de esta generación

Dedicatoria

Dedico esta obra a la memoria de Rita de Oliveira, a quien cariñosamente se le llamaba: abuelita Tereza. Ella con su amor y sabiduría nos enseñó el verdadero sentido de amar y servir a Dios y al prójimo. Fue quien a mí me mostró el camino, la verdad y la vida en Cristo Jesús.

Agradecimientos

En primer lugar, agradezco a Dios por haberme dado el honor y el privilegio de ser su hijo, transformando completamente mi vida y mi historia.

Doy gracias a mi amigo, el pastor Eugenio Virginio da Silva, quien creyó, confirmó y confió en mi llamado al ministerio de la predicación de la Palabra de Dios; y me dio la oportunidad de servir como pastor y misionero en esta tierra. Vaya también mi más sincera gratitud para su apreciada familia, por todo el apoyo espiritual que he recibido de parte de ellos.

Reconozco el apoyo y la ayuda que he recibido tanto de los pastores como de mis hermanos en la fe alrededor de este mundo; los cuales me motivan a seguir adelante hasta cumplir con los sueños y las metas del ministerio que, por gracia, el Señor me ha confiado.

Quiero agradecer también a la familia Cárdenas y a la familia Pimentel por todo el respaldo, amor y cariño para conmigo, mi familia y nuestro ministerio pastoral.

Por último, y no por ser menos importante, pero me siento profundamente agradecido por la comprensión, soporte y amor de mi familia, iglesia y la Fundación Internacional Alimentando Naciones (FIAN); que, sin ellos y la presencia de nuestro Señor Jesucristo, mi labor ministerial no tendría valor alguno.

Atentamente

Pr. Rodrigo G. Izidoro Silva

Introducción

En todas las reuniones cristianas o cultos religiosos y, a través de los medios de comunicación, todos los días escuchamos sermones o predicaciones sobre la necesidad de formatos atractivos y contemporáneos, para una nueva generación de adoradores en los atrios y santuarios de las iglesias posmodernas.

Vivimos en una era en la que se habla mucho de la adoración, la alabanza, la consagración y la vida en el altar; sin embargo, percibimos el mal testimonio y el falso compromiso en varias áreas del reino de Dios, de quienes tienen la responsabilidad de llevarnos a una verdadera adoración en espíritu y en verdad; y como resultado o consecuencia tenemos una falta de proyección práctica de toda esta demanda bíblica acerca de la adoración, como estilo de vida y no solamente como un ritual religioso.

El acto de amor proviene del corazón del hombre, pero la forma de amar al prójimo debe de estar acorde con la voluntad de Dios. Los movimientos carismáticos tienen como objetivo primordial, poner fuego y unción en los corazones de sus seguidores. Pero por no comprender la magnitud del significado de la adoración, muchos entran en ciertos caminos que conducen a la frustración, cuando los resultados no son conforme al propósito deseado.

Ser un adorador en esta generación, en nada difiere de las generaciones de verdaderos adoradores que nos precedieron. Las formas o maneras de adorar pueden cambiar, de acuerdo a la cultura y dimensiones sociales, pero la forma de adorar como Dios anhela ser adorado, ¡nunca cambia!

Los verdaderos adoradores saben que, siempre y cuando no se distorsione o altere el propósito de la verdadera adoración, no importan las formas de cómo adorar a Dios. Toda adoración genuina primeramente tiene que agradar el corazón del santo y eterno Dios, para que el acto de adorar sea recibido en los cielos como un olor suave y agradable para Él.

He presenciado, con mucho pesar y tristeza, tanto las aberraciones como las manifestaciones netamente superficiales sin esencia espiritual que, consecuentemente, han profanado los cultos de adoración al Dios santísimo e incorruptible.

Algunos movimientos carismáticos, con sus modas populares del momento, tienen como propósito congregar o reunir a millares de personas con la intención farsante de adorar a Dios. El público, que no está comprometido con el evangelio verdadero y puro de Cristo, usa métodos arbitrarios que atentan contra la santidad de Dios; y, además, presenta un simulacro o copia del genuino culto, que sólo llega a la mente de sus "clientes".

"Tales cosas tienen a la verdad cierta reputación de sabiduría en culto voluntario, en humildad y en duro trato del cuerpo; pero no tienen valor alguno contra los apetitos de la carne" (Colosenses 2:23).

El verdadero evangelio de Jesucristo siempre ha sido lo suficientemente eficaz, para convencer y convertir al pecador. Dios busca verdaderos adoradores en esta generación que no están asociados con los métodos de "modas", estilos y prácticas seculares mundanas. ¡No necesitamos de las armas mundanas!, lo que sí necesitamos son las armas espirituales, para derribar las fortalezas del enemigo; y de esta manera ser capaz de rescatar, con el evangelio legítimo, a los que se pierden a causa de las atracciones de este mundo. Necesitamos con urgencia salir de lo teórico a la práctico; y ser los adoradores fieles de esta generación.

¡Les deseo una buena lectura de este libro!

Capítulo 1

DE GENERACIÓN A GENERACIÓN

"Cantad alegres a Dios, habitantes de toda la tierra. Servid a Jehová con alegría; venid ante su presencia con regocijo. Reconoced que Jehová es Dios; El nos hizo, y no nosotros a nosotros mismos; pueblo suyo somos, y ovejas de su prado. Entrad por sus puertas con acción de gracias, por sus atrios con alabanza; alabadle, bendecid su nombre. Porque Jehová es bueno; para siempre es su misericordia, y su verdad por todas las generaciones" (Salmos 100:1-5).

Reparando el altar

Dios, mirando a la tierra, no encuentra fácilmente dos tipos de personas, es decir, que sean justas y que sepan adorar. Ambas cualidades, a la verdad, complementan la totalidad de la vida espiritual y la integridad moral de un verdadero hijo de Dios.

Pero si las iglesias predican la justicia y se autodenominan como la generación de adoradores, ¿por qué todavía observamos con horror la injusticia, la falta de amor, la falta de misericordia, la corrupción, y, además, la falta de fe que aún existen dentro de estas instituciones religiosas? Sabemos que, aunque la Palabra de Dios permanece para siempre y es poderosa para transformar nuestras vidas, ¿por qué, pues, la naturaleza humana, de quienes se consideran hijos de Dios, sigue siendo la misma y ajena de la naturaleza divina? (1 Pedro 1 :23-25).

"Toda la Escritura es inspirada por Dios, y útil para enseñar, para redargüir, para corregir, para instruir en justicia, a fin de que el hombre de Dios sea perfecto, enteramente preparado para toda buena obra" (2 Timoteo 3:16, 17).

Ahora, en diversas instituciones en su carácter de comunidad y también en muchos corazones en su carácter individual, miramos con mucha tristeza una repetición lamentable de lo que en el pasado fue denunciado por el profeta Isaías, cuando dijo:

"Príncipes de Sodoma, oíd la palabra de Jehová; escuchad la ley de nuestro Dios, pueblo de Gomorra. ¿Para qué me sirve, dice Jehová, la multitud de vuestros sacrificios? Hastiado estoy de holocaustos de carneros y de sebo de animales gordos; no quiero sangre de bueyes, ni de ovejas, ni de machos cabríos. ¿Quién demanda esto de vuestras manos, cuando venís a presentaros delante de mí para hollar mis atrios? No me traigáis más vana ofrenda; el incienso me es abominación; luna nueva y día de reposo, el

convocar asambleas, no lo puedo sufrir; son iniquidad vuestras fiestas solemnes. Vuestras lunas nuevas y vuestras fiestas solemnes las tiene aborrecidas mi alma; me son gravosas; cansado estoy de soportarlas. Cuando extendáis vuestras manos, yo esconderé de vosotros mis ojos; asimismo cuando multipliquéis la oración, yo no oiré; llenas están de sangre vuestras manos. Lavaos y limpiaos; quitad la iniquidad de vuestras obras de delante de mis ojos; dejad de hacer lo malo; aprended a hacer el bien; buscad el juicio, restituid al agraviado, haced justicia al huérfano, amparad a la viuda. Venid luego, dice Jehová, y estemos a cuenta: si vuestros pecados fueren como la grana, como la nieve serán emblanquecidos; si fueren rojos como el carmesí, vendrán a ser como blanca lana. Si quisiereis y oyereis, comeréis el bien de la tierra; si no quisiereis y fuereis rebeldes, seréis consumidos a espada; porque la boca de Jehová lo ha dicho" (Isías 1:10-20).

¿Dónde están los justos de la tierra? ¿Dónde se congregan los fieles adoradores que aman a Dios, su reino y su justicia? ¿Quiénes son los verdaderos adoradores de esta generación? ¿Son los que hoy asisten con frecuencia a la congregación de los justos? Dios anhela que los corazones de los fieles adoradores estén atentos y obedezcan sus prescripciones, mandamientos, leyes, ordenanzas, estatutos y directrices.

Para los hombres, amadores de sí mismos, basta con mirar lo externo de las emociones; y juzgan como correcta esta manera vana de prestar un servicio de adoración a Dios.

"Que tendrán apariencia de piedad, pero negarán la eficacia de ella; a éstos evita" (2 Timoteo 3:5).

Dios examina los corazones y sus intenciones.

"Y Jehová respondió a Samuel: No mires a su parecer, ni a lo grande de su estatura, porque yo lo desecho; porque Jehová no mira lo que mira el hombre; pues el hombre mira lo que está delante de sus ojos, pero Jehová mira el corazón" (1 Samuel 16:7).

"Porque la palabra de Dios es viva y eficaz, y más cortante que toda espada de dos filos; y penetra hasta partir el alma y el espíritu, las coyunturas y los tuétanos, y discierne los pensamientos y las intenciones del corazón" (Hebreos 4:12).

Lo que más vemos en estos tiempos, son ambientes cuidadosamente preparados para el culto. No es que las reuniones deben ser sin júbilo; pero la adoración tampoco puede ser manipulada, para que emerjan emociones temporales en el escenario durante un evento. Las expresiones corporales, como resultados de movimientos carnales y sin la participación del Espíritu Santo, no son factores válidos de auténtica exaltación a Dios.

Por supuesto, tenemos que tener lugares más ornamentados. Pero, por encima de todo, nuestros corazones son los que deben estar preparados como un altar restaurado, para que el Espíritu de Dios descienda sobre él. No es la cantidad de personas lo que hace la diferencia, ni mucho menos lo que hace fluir la esencia de la adoración a nuestro Dios. Él, desde los cielos mira a los verdaderos adoradores, que son propicio para su visitación en medio de una gran multitud de meros espectadores.

No es la cantidad, de los que asisten a un servicio religioso en el templo o en el altar, los que establecen el mover de la mano misericordiosa y benévola de Dios; sino la calidad moral y espiritual de algunos cuantos que, con sus oraciones sinceras, fluyendo de labios purificados para pronunciar el santo nombre del Señor Jesucristo, son los que llaman la atención de Dios. Reitero, no es el lugar ni la cantidad de los que asisten con frecuencia, lo que importa para Dios, sino la integridad del corazón, la sinceridad y la calidad del servicio de los siervos que entienden el verdadero acto de amor y adoración al Señor.

"Y acercándose Elías a todo el pueblo, dijo: ¿Hasta cuándo claudicaréis vosotros entre dos pensamientos? Si Jehová es Dios, seguidle; y si Baal, id en pos de él. Y el pueblo no respondió palabra. Y Elías volvió a decir al pueblo: Sólo yo he quedado profeta de Jehová; mas de los profetas de Baal hay cuatrocientos cincuenta hombres. Dénsenos, pues, dos bueyes, y escojan ellos uno, y córtenlo en pedazos, y pónganlo sobre leña, pero no pongan fuego debajo; y yo prepararé el otro buey, y lo pondré sobre leña, y ningún fuego pondré debajo. Invocad luego vosotros el nombre de vuestros dioses, y yo invocaré el nombre de Jehová; y el Dios que respondiere por medio de fuego, ése sea Dios. Y todo el pueblo respondió, diciendo: Bien dicho. Entonces Elías dijo a los profetas de Baal: Escogeos un buey, y preparadlo vosotros primero, pues que sois los más; e invocad el nombre de vuestros dioses, mas no pongáis fuego debajo. Y ellos tomaron el buey que les fue dado y lo prepararon, e invocaron el nombre de Baal desde la mañana hasta el mediodía, diciendo: ¡Baal, respóndenos! Pero no había voz, ni quien respondiese; entre tanto, ellos andaban saltando cerca del altar que habían hecho. Y

aconteció al mediodía, que Elías se burlaba de ellos, diciendo: Gritad en alta voz, porque dios es; quizá está meditando, o tiene algún trabajo, o va de camino; tal vez duerme, y hay que despertarle. Y ellos clamaban a grandes voces, y se sajaban con cuchillos y con lancetas conforme a su costumbre, hasta chorrear la sangre sobre ellos. Pasó el mediodía, y ellos siguieron gritando frenéticamente hasta la hora de ofrecerse el sacrificio, pero no hubo ninguna voz, ni quien respondiese ni escuchase" (1 Reyes 18:21-29).

No era por la cantidad de sacrificios, emociones, azotes, golpes físicos y laceraciones; tampoco por el tamaño de la congregación ni por la cantidad de ministros (450 profetas de Baal) que el culto se convirtió válido para Dios.

Lo que hace validar el culto a Dios, es dar honor y honra al Todopoderoso, y nada más. No se necesita hacer uso de las modas modernas ni de las formas caprichosas de celebración del momento; solamente debemos volver a la antigua costumbre de arreglar el altar y dedicarlo al verdadero Dios.

"Entonces dijo Elías a todo el pueblo: Acercaos a mí. Y todo el pueblo se le acercó; y él arregló el altar de Jehová que estaba arruinado. Y tomando Elías doce piedras, conforme al número de las tribus de los hijos de Jacob, al cual había sido dada palabra de Jehová diciendo, Israel será tu nombre, edificó con las piedras un altar en el nombre de Jehová; después hizo una zanja alrededor del altar, en que cupieran dos medidas de grano. Preparó luego la leña, y cortó el buey en pedazos, y lo puso sobre la leña. Y dijo: Llenad cuatro cántaros de agua, y derramadla sobre el holocausto y sobre la leña. Y dijo: Hacedlo otra vez; y otra vez lo hicieron. Dijo aún: Hacedlo la tercera vez; y lo hicieron la tercera vez, de manera que el agua corría alrededor del altar, y también se había llenado de agua la zanja" (1Reyes:30-35).

Elías tomó en cuenta todas las cuestiones técnicas y ornamentales del altar; y cómo debería ser la representación simbólica del culto. Pero los falsos profetas también entendieron todo esto y lo llevaron a cabo. El gran dilema aquí es que no basta con tener el lugar correcto, la manera correcta o los elementos simbólicos correctos. Dios desea que el corazón del adorador sea justo, con principios incorruptibles y con osadía.

"Cuando llegó la hora de ofrecerse el holocausto, se acercó el profeta Elías y dijo: Jehová Dios de Abraham, de Isaac y de Israel, sea hoy manifiesto que tú eres Dios en Israel, y que yo soy tu siervo, y que por mandato tuyo he hecho todas estas cosas. Respóndeme, Jehová, respóndeme, para que conozca este pueblo que tú, oh Jehová, eres el Dios, y que tú vuelves a ti el corazón de ellos. Entonces cayó fuego de Jehová, y consumió el holocausto, la leña, las piedras y el polvo, y aun lamió el agua que estaba en la zanja. Viéndolo todo el pueblo, se postraron y dijeron: ¡Jehová es el Dios, Jehová es el Dios!" (1 Reyes 18:36-39).

¡Sí, sólo el Señor es Dios! Ésta es la frase que debería ser considerada desde el principio de todas nuestras reuniones de adoración.

¡Los verdaderos adoradores tienen la plena convicción de que sólo el Señor es Dios, en cuya presencia experimentan profundas transformaciones espirituales, sin la necesidad de pasar por un proceso de expectación!

La generación del profeta Samuel

El corazón del verdadero adorador no se contamina con lo malo que existe en las estructuras sociales ni en los sistemas religiosos y, aun cuando se enfrente a un pueblo rebelde, él sigue siendo fiel a Dios hasta las últimas consecuencias y bajo cualquier circunstancia.

Los sacerdotes Ofni y Finees, hijos del sumo sacerdote Elí, hicieron todas las iniquidades posibles e imaginables delante y dentro del tabernáculo del Señor. Aunque ellos eran los hijos legítimos del Sumo sacerdote Elí, no dejaron de ser "hijos de Belial" y sin conocimiento del Señor.

"Los hijos de Elí eran hombres impíos, y no tenían conocimiento de Jehová. Y era costumbre de los sacerdotes con el pueblo, que cuando alguno ofrecía sacrificio, venía el criado del sacerdote mientras se cocía la carne, trayendo en su mano un garfio de tres dientes, y lo metía en el perol, en la olla, en el caldero o en la marmita; y todo lo que sacaba el garfio, el sacerdote lo tomaba para sí. De esta manera hacían con todo israelita que venía a Silo. Asimismo, antes de quemar la grosura, venía el criado del sacerdote, y decía al que sacrificaba: Da carne que asar para el sacerdote; porque no tomará de ti carne cocida, sino cruda. Y si el hombre le respondía: Quemen la grosura primero, y después toma tanto como quieras; él respondía: No, sino dámela ahora mismo; de otra manera yo la tomaré por la fuerza. Era, pues, muy grande delante de Jehová el pecado de los jóvenes; porque los hombres menospreciaban las ofrendas de Jehová" (1 Samuel 2:12-17).

Ofni y Finees profanaban la casa del Señor, y, peor aún, lo hacían con la complicidad de su propio padre Elí. También en nuestros días muchas personas han dejado de adorar a Dios, porque han mirado actitudes reprobables de algunos líderes religiosos.

No hay que olvidar que ni el lugar, ni los que asisten con frecuencia son factores determinantes para la verdadera adoración. Los profetas o ministros falsos no deben ser la causa que nos impida adorar a Dios; aunque sean administradores de ministerios legítimos, pero que han perdido de vista las cosas espirituales, la paciencia y la perseverancia para conocer y servir a Dios.

"Pero Elí era muy viejo; y oía de todo lo que sus hijos hacían con todo Israel, y cómo dormían con las mujeres que velaban a la puerta del tabernáculo de reunión. Y les dijo: ¿Por qué hacéis cosas semejantes? Porque yo oigo de todo este pueblo vuestros malos procederes. No, hijos míos, porque no es buena fama la que yo oigo; pues hacéis pecar al pueblo de Jehová. Si pecare el hombre contra el hombre, los jueces le juzgarán; mas si alguno pecare contra Jehová, ¿quién rogará por él? Pero ellos no oyeron la voz de su padre, porque Jehová había resuelto hacerlos morir" (1Samuel 2:22-25).

Ana y Elcana, los padres de Samuel, posiblemente fueron víctimas del mal carácter de los hijos de Elí, pero no dejaron de asistir con frecuencia al tabernáculo del Señor. Ana estaba más preocupada y ocupada por la adoración a Dios, y por exponer la aflicción de su alma al piadoso de Israel.

"Y se levantó Ana después que hubo comido y bebido en Silo; y mientras el sacerdote Elí estaba sentado en una silla junto a un pilar

del templo de Jehová, ella con amargura de alma oró a Jehová, y lloró abundantemente. E hizo voto, diciendo: Jehová de los ejércitos, si te dignares mirar a la aflicción de tu sierva, y te acordares de mí, y no te olvidares de tu sierva, sino que dieres a tu sierva un hijo varón, yo lo dedicaré a Jehová todos los días de su vida, y no pasará navaja sobre su cabeza" (1 Samuel 1:9-11).

Tenga en cuenta, amado hermano, que incluso cuando los líderes espirituales de Ana vivían bajo el pecado, y fueron objeto de la ira de Dios, ella derramó su corazón adorador en frente de una columna del tabernáculo. Ana, como mujer, no podía, en ese momento, entrar al atrio interior, al lugar santo y, menos aún, al lugar Santísimo, como lo hacían los líderes corruptos de la casa de Elí. Físicamente, Ana era impedida de tener acceso al lugar Santísimo, pero espiritualmente ingresó al santuario celestial del Altísimo, donde los hijos de Elí no tenían entrada.

El silencio del mover de los labios de Ana representaba más para Dios, que las frases religiosas y los actos ceremoniosos de los sacerdotes de la casa de Elí. Los gritos del pueblo no hicieron eco, a causa del silencio ensordecedor del corazón y los labios de Ana. Las lágrimas sinceras de esta adoradora fueron derramadas en el corazón de Dios.

Ana, como cualquier otro adorador genuino, sabe lo que ella puede ofrecer como ofrenda o sacrificio a Dios; pero también conoce lo que Él puede hacer por ella. Esta alianza entre una mujer afligida y el omnipotente Dios, fue firmada con el voto de Ana de entregar su propio hijo al Señor. El hombre sin sabiduría no entiende el corazón de un legítimo adorador, así como Elí no podía juzgar conforme a los designios de Dios. Para este Sumo sacerdote, Ana era una borracha hija de Belial, mientras él como padre encubría los pecados de sus propios hijos; a quienes, sin lugar a dudas, Dios los consideraba como legítimos hijos de Belial.

"Mientras ella oraba largamente delante de Jehová, Elí estaba observando la boca de ella. Pero Ana hablaba en su corazón, y solamente se movían sus labios, y su voz no se oía; y Elí la tuvo por ebria. Entonces le dijo Elí: ¿Hasta cuándo estarás ebria? Digiere tu vino. Y Ana le respondió diciendo: No, señor mío; yo soy una mujer atribulada de espíritu; no he bebido vino ni sidra, sino que he derramado mi alma delante de Jehová. No tengas a tu sierva por una mujer impía; porque por la magnitud de mis congojas y de mi aflicción he hablado hasta ahora. Elí respondió y dijo: Ve en paz, y el Dios de Israel te otorgue la petición que le has hecho. Y ella dijo: Halle tu sierva gracia delante de tus ojos. Y se fue la mujer por su camino, y comió, y no estuvo más triste" (1 Samuel 1:12-18).

Una cosa es cierta, Dios siempre responde positivamente a la oración de sus siervos que lo adoran en espíritu y en verdad. La solicitud de Ana estaba en línea con la plena voluntad divina. El Señor reemplazaría la casa de Elí, por alguien que hacía la diferencia en esa generación corrupta.

"Y el joven Samuel iba creciendo, y era acepto delante de Dios y delante de los hombres. Y vino un varón de Dios a Elí, y le dijo: Así ha dicho Jehová: ¿No me manifesté yo claramente a la casa de tu padre, cuando estaban en Egipto en casa de Faraón? Y yo le escogí por mi sacerdote entre todas las tribus de Israel, para que ofreciese sobre mi altar, y quemase incienso, y llevase efod delante de mí; y di a la casa de tu padre todas las ofrendas de los hijos de Israel. ¿Por qué habéis hollado mis sacrificios y mis ofrendas, que yo mandé ofrecer en el tabernáculo; y has honrado a tus hijos más que a mí, engordándoos de lo principal de todas las ofrendas de mi pueblo Israel? Por tanto, Jehová el Dios de Israel dice: Yo había dicho que tu casa y la casa de tu padre andarían

delante de mí perpetuamente; mas ahora ha dicho Jehová: Nunca yo tal haga, porque yo honraré a los que me honran, y los que me desprecian serán tenidos en poco. He aquí, vienen días en que cortaré tu brazo y el brazo de la casa de tu padre, de modo que no haya anciano en tu casa. Verás tu casa humillada, mientras Dios colma de bienes a Israel; y en ningún tiempo habrá anciano en tu casa. El varón de los tuyos que yo no corte de mi altar, será para consumir tus ojos y llenar tu alma de dolor; y todos los nacidos en tu casa morirán en la edad viril. Y te será por señal esto que acontecerá a tus dos hijos, Ofni y Finees: ambos morirán en un día. Y yo me suscitaré un sacerdote fiel, que haga conforme a mi corazón y a mi alma; y yo le edificaré casa firme, y andará delante de mi ungido todos los días" (1 Samuel 2:26 35).

Una generación de adoradores no nace de la noche a la mañana. Samuel es fruto del clamor de una sierva que sabía adorar. El pueblo de Israel clamaba por justicia a causa de los pecados y abuso de autoridad de sus líderes espirituales; y Dios envió un profeta para declarar la sentencia y el exterminio de la casa rebelde del Sumo sacerdote Elí.

Mientras todo esto pasaba, Samuel estaba siendo forjado por Dios, para ser el gran líder de un gran avivamiento en su generación. Dios jamás será sorprendido por la falta de adoradores fieles. Él siempre proveerá todas las condiciones necesarias, posibles, improbables e imposibles, a fin de que su nombre sea adorado de generación a generación, desde la eternidad hasta la eternidad.

¿Podemos tener el mismo desprendimiento que tuvo Ana? ¿Podemos ser el pueblo que resucite y levante la nueva generación de adoradores fieles como Samuel, que a su vez ministre bajo el poder y la unción del Señor?

¡Habla Señor, tu siervo escucha!

Tenemos la promesa de un avivamiento espiritual para nuestro tiempo. Dios anhela que seamos parte importante de este gran avivamiento. Samuel fue un factor de cambio para el avivamiento de su época; y, además, ministró como profeta, sacerdote y juez.

"Y vino Jehová y se paró, y llamó como las otras veces: ¡Samuel, Samuel! Entonces Samuel dijo: Habla, porque tu siervo oye. Y Jehová dijo a Samuel: He aquí haré yo una cosa en Israel, que a quien la oyere, le retiñirán ambos oídos. Aquel día yo cumpliré contra Elí todas las cosas que he dicho sobre su casa, desde el principio hasta el fin. Y le mostraré que yo juzgaré su casa para siempre, por la iniquidad que él sabe; porque sus hijos han blasfemado a Dios, y él no los ha estorbado. Por tanto, yo he jurado a la casa de Elí que la iniquidad de la casa de Elí no será expiada jamás, ni con sacrificios ni con ofrendas. Y Samuel estuvo acostado hasta la mañana, y abrió las puertas de la casa de Jehová. Y Samuel temía descubrir la visión a Elí. Llamando, pues, Elí a Samuel, le dijo: Hijo mío, Samuel. Y él respondió: Heme aquí. Y Elí dijo: ¿Qué es la palabra que te habló? Te ruego que no me la encubras; así te haga Dios y aun te añada, si me encubrieres palabra de todo lo que habló contigo. Y Samuel se lo manifestó todo, sin encubrirle nada. Entonces él dijo: Jehová es; haga lo que bien le pareciere" (1 Samuel 3:10-18).

La generación de Elí fue extirpada del sacerdocio, perdió la presencia espiritual (vocación) y la presencia física de Dios (el Arca de la Alianza) en un solo día; su memoria fue rota de la historia de Israel por las manos del Señor y Juez justo. (Lea 1 Samuel capítulos 4 y 5).

"Y el arca de Dios fue tomada, y muertos los dos hijos de Elí, Ofni y Finees" (1 Samuel 4:11).

Capítulo 2

LAS VIRTUDES DE UN ADORADOR

"Alabad a Dios en su santuario; alabadle en la magnificencia de su firmamento. Alabadle por sus proezas; alabadle conforme a la muchedumbre de su grandeza. Alabadle a son de bocina; alabadle con salterio y arpa. Alabadle con pandero y danza; alabadle con cuerdas y flautas. Alabadle con címbalos resonantes; alabadle con címbalos de júbilo. Todo lo que respira alabe a JAH. Aleluya" (Salmos 150:1-6).

La búsqueda del Padre

En la generación de Samuel, Dios encontró una familia que lo amaba independientemente de las circunstancias o situaciones adversas que ocurrían en el tabernáculo y en la sociedad de su época.

¡Nuestro corazón debe confiar en Dios! Sólo Él puede mover la vida de un adorador, mantenerlo firme y perseverante. El adorador debe estar convencido de la siguiente verdad: *"Para que busquen a Dios, si en alguna manera, palpando, puedan hallarle, aunque ciertamente no está lejos de cada uno de nosotros. Porque en él vivimos, y nos movemos, y somos; como algunos de vuestros propios poetas también han dicho: Porque linaje suyo somos" (Hechos 17:27, 28).*

Lo dicho por el Señor Jesucristo deja bien claro que, si el Padre está buscando verdaderos adoradores, es porque existe una carencia de éstos. La segunda parte del versículo de Juan 4:23 dice: *"Porque también el Padre tales adoradores busca que le adoren"*. Esto aplica para nosotros que, por desgracia, aún estamos viviendo en medio de falsos adoradores.

"Si alguno enseña otra cosa, y no se conforma a las sanas palabras de nuestro Señor Jesucristo, y a la doctrina que es conforme a la piedad, está envanecido, nada sabe, y delira acerca de cuestiones y contiendas de palabras, de las cuales nacen envidias, pleitos, blasfemias, malas sospechas, disputas necias de hombres corruptos de entendimiento y privados de la verdad, que toman la piedad como fuente de ganancia; apártate de los tales" (1 Timoteo 6:3-5).

¿Quiénes son falsos? ¿Cómo identificarlos? ¿Cómo saber si soy un falso o un verdadero adorador? En toda la Biblia existen muchos ejemplos de falsos adoradores. Es lamentable que, los mismos vicios y prácticas rituales realizadas por falsos adoradores en tiempos antiguos, persistan en repetirse en nuestros días. Es muy importante, entonces, distinguir a los verdaderos de los falsos adoradores.

El temor del Senõr

Una generación adoradora es aquella que teme al Señor. El temor es el principio de la sabiduría; y con sabiduría es que debemos adorar a Dios.

"El principio de la sabiduría es el temor de Jehová; los insensatos desprecian la sabiduría y la enseñanza" (Proverbios 1:7).

"Por cuanto aborrecieron la sabiduría, no escogieron el temor de Jehová" (Proverbios 1:29).

"El temor de Jehová es el principio de la sabiduría, y el conocimiento del Santísimo es la inteligencia" (Proverbios 9:10).

"El temor de Jehová es manantial de vida para, apartarse de los lazos de la muerte" (Proverbios 14:27).

La sabiduría, a saber, el conocimiento que nos acerca a la voluntad de Dios, abre el camino para tener una intimidad más profunda con Él.

Podemos percibir el espíritu de los adoradores fieles de las generaciones pasadas y, al mismo tiempo, aprender de sus enseñanzas acerca de los beneficios de temer al Señor.

"Servir a Jehová con temor, y alegraos con temblor" (Salmo 2:11).

"Venid, hijos, oídme; el temor de Jehová os enseñaré" (Salmos 34:11).

"Mi carne se ha estremecido por temor de ti, y de tus juicios tengo miedo" (Salmos 119:120).

Los falsos adoradores no se sujetan a la Palabra de Dios, ni a las enseñanzas de los apóstoles. No somos nosotros los que determinamos cómo debemos adorar, ¡son las Sagradas Escrituras las únicas directrices para la adoración al Señor! No somos nosotros los que definimos las prácticas devocionales; somos solamnete herederos de la fe de los pioneros y padres de la iglesia primitiva.

"¿Qué, pues? ¿Somos nosotros mejores que ellos? En ninguna manera; pues ya hemos acusado a judíos y a gentiles, que todos están bajo pecado. Como está escrito: No hay justo, ni aun uno; no hay quien entienda, no hay quien busque a Dios. Todos se desviaron, a una se hicieron inútiles; no hay quien haga lo bueno, no hay ni siquiera uno. Sepulcro abierto es su garganta; con su lengua engañan. Veneno de áspides hay debajo de sus labios; su boca está llena de maldición y de amargura. Sus pies se apresuran para derramar sangre; quebranto y desventura hay en sus caminos; y no conocieron camino de paz. No hay temor de Dios delante de sus ojos" (Romanos 3 :9-18).

Como complemento de los argumentos del amado apóstol Pablo, tenemos una definición perfecta para saber a quién tributamos temor, alabanza y gloria.

"Pagad a todos lo que debéis: al que tributo, tributo; al que impuesto, impuesto; al que respeto, respeto; al que honra, honra" *(Romanos 13:7).*

Santidad

El verdadero adorador necesita tener el mismo carácter de su Señor, pues una vida de santidad, de todos sus súbditos, es requerida por Él. La pureza de corazón confirma el *status quo* del adorador y siervo de Dios.

"¿Quién subirá al monte de Jehová? ¿Y quién estará en su lugar santo? El limpio de manos y puro de corazón; el que no ha elevado su alma a cosas vanas, ni jurado con engaño" (Salmos 24:3, 4).

"Cercano está Jehová a los quebrantados de corazón; y salva a los contritos de espíritu" (Salmos 34:18).

Debemos ser humildes hasta el punto de pedir a Dios que Él nos dé un corazón puro. El verdadero adorador solicita que Dios examine toda su alma. Tenemos diversos escritores, poetas, profetas y sacerdotes, que fueron suficientemente humildes para esto.

"Crea en mí, oh Dios, un corazón limpio, y renueva un espíritu recto dentro de mí" (Salmos 51:10).

"Pronto está mi corazón, oh Dios, mi corazón está dispuesto; cantaré, y trovaré salmos" (Salmos 57:7).

"Alabaré a Jehová con todo el corazón, en la compañía y congregación de los rectos" (Salmos 111:1).

"Examíname, oh Dios, y conoce mi corazón; pruébame y conoce mis pensamientos; y ve si hay en mí camino de perversidad, y guíame en el camino eterno" (Salmos 139:23, 24).

"Os daré corazón nuevo, y pondré espíritu nuevo dentro de vosotros; y quitaré de vuestra carne el corazón de piedra, y os daré un corazón de carne" (Ezequiel 36:26).

Un santuario móvil

"Dios es Espíritu; y los que le adoran, en espíritu y en verdad es necesario que adoren" (Juan 4:24).

Simplificando: Dios es Espíritu, y es muy importante que los que le adoran, sean verdaderamente adoradores fieles.

Esta fue la respuesta dada por Jesús a la mujer samaritana, pues así como nosotros, ella también tenía dudas acerca de la adoración. El Padre no busca lugares para ser adorado. Aunque Dios seleccione un lugar para manifestar su presencia, Él no habita en templos construídos por manos humanas.

"Terminó, pues, Salomón la casa de Jehová, y la casa del rey; y todo lo que Salomón se propuso hacer en la casa de Jehová, y en su propia casa, fue prosperado. Y apareció Jehová a Salomón de noche, y le dijo: Yo he oído tu oración, y he elegido para mí este lugar por casa de sacrificio. Si yo cerrare los cielos para que no haya lluvia, y si mandare a la langosta que consuma la tierra, o si enviare pestilencia a mi pueblo; si se humillare mi pueblo, sobre el cual mi nombre es invocado, y oraren, y buscaren mi rostro, y se convirtieren de sus malos caminos; entonces yo oiré desde los cielos, y perdonaré sus pecados, y sanaré su tierra. Ahora estarán abiertos mis ojos y atentos mis oídos a la oración en este lugar; porque ahora he elegido y santificado esta casa, para que esté en ella mi nombre para siempre; y mis ojos y mi corazón estarán ahí para siempre. Y si tú anduvieres delante de mí como anduvo David tu padre, e hicieres todas las cosas que yo te he mandado, y guardares mis estatutos y mis decretos, yo confirmaré el trono de tu reino, como pacté con David tu padre, diciendo: No te faltará

varón que gobierne en Israel" (1 Crónicas 7:11-18).

El apóstol Pablo nos aclara acerca de lo que escribimos arriba: "El Dios que hizo el mundo y todas las cosas que en él hay, siendo Señor del cielo y de la tierra, no habita en templos hechos por manos humanas, ni es honrado por manos de hombres, como si necesitase de algo; pues él es quien da a todos vida y aliento y todas las cosas" (Hechos 17:24, 25).

En Cristo somos transformados en tabernáculos móviles de la presencia de Dios. Fuimos elegidos para llevar su gloria delante de los hombres que viven en tinieblas.

"¿No sabéis que sois templo de Dios, y que el Espíritu de Dios mora en vosotros? Si

alguno destruyere el templo de Dios, Dios le destruirá a él; porque el templo de Dios, el cual sois vosotros, santo es" (1Corintios 3:16, 17).

"Mas vosotros sois linaje escogido, real sacerdocio, nación santa, pueblo adquirido por Dios, para que anunciéis las virtudes de aquel que os llamó de las tinieblas a su luz admirable; vosotros que en otro tiempo no erais pueblo, pero que ahora sois pueblo de Dios; que en otro tiempo no habíais alcanzado misericordia, pero ahora habéis alcanzado misericordia" (1 Pedro 2:9,10).

"¿O ignoráis que vuestro cuerpo es templo del Espíritu Santo, el cual está en vosotros, el cual tenéis de Dios, y que no sois vuestros?" (1Corintios 6:19)

"¿Y qué concordia Cristo con Belial?... ¿Y qué acuerdo hay entre el templo de Dios y los ídolos? Porque vosotros sois el templo del Dios viviente, como Dios dijo: Habitaré y andaré entre ellos, y seré su Dios, y ellos serán mi pueblo" (2 Corintios 6:15, 16).

"Así que ya no sois extranjeros ni advenedizos, sino conciudadanos de los santos, y miembros de la familia de Dios, edificados sobre el fundamento de los apóstoles y profetas, siendo la principal piedra del ángulo Jesucristo mismo, en quien todo el edificio, bien coordinado, va creciendo para ser un templo santo en el Señor" (Efesios2:19-21).

El remanente de adoradores fieles, en estos tiempos finales, necesita comprender la magnitud de su esencia espiritual; y por esta causa debe asumir su identidad en medio de una sociedad administrada por una generación corrupta, que cada vez se torna más perversa.

"¿O pensáis que la Escritura dice en vano: El Espíritu que él ha hecho morar en nosotros nos anhela celosamente?" (Santiago 4:5).

"Y esto, conociendo el tiempo, que es ya hora de levantarnos del sueño; porque ahora está

más cerca de nosotros nuestra salvación que cuando creímos. La noche está avanzada, y se acerca el día. Desechemos, pues, las obras de las tinieblas, y vistámonos las armas de la luz. Andemos como de día, honestamente; no en glotonerías y borracheras, no en lujurias y lascivias, no en contiendas y envidia, sino vestíos del Señor Jesucristo, y no proveáis para los deseos de la carne" (Romanos 13:11-14).

Los cielos y la tierra adoran a Dios

El Padre busca adoradores verdaderos, y no simplemente lugares o formas de culto. La esencia de la adoración no se encuentra en los objetos, sino dentro de los seres creados por Dios.

"En el año que murió el rey Uzías vi yo al Señor sentado sobre un trono alto y sublime, y sus faldas llenaban el templo. Por encima de él había serafines; cada uno tenía seis alas; con dos cubrían sus rostros, con dos cubrían sus pies, y con dos volaban. Y el uno al otro daba voces, diciendo: Santo, santo, santo, Jehová de los ejércitos; toda la tierra

está llena de su gloria. Y los quiciales de las puertas se estremecieron con la voz del que clamaba, y la casa se llenó de humo" (Isaías 6:1-4).

No solamente Isaías miró a los seres celestiales adorando a Dios; también Juan, en la isla de Patmos, contempló la adoración celestial.

"Y el aspecto del que estaba sentado era semejante a piedra de jaspe y de cornalina; y había alrededor del trono un arco iris, semejante en aspecto a la esmeralda. Y alrededor del trono había veinticuatro tronos; y vi sentados en los tronos a veinticuatro ancianos, vestidos de ropas blancas, con coronas de oro en sus cabezas. Y del trono salían relámpagos y truenos y voces; y delante del trono ardían siete lámparas de fuego, las cuales son los siete espíritus de Dios. Y delante del trono había como un mar de vidrio semejante al cristal; y junto al trono, y alrededor del trono, cuatro seres vivientes llenos de ojos delante y detrás. El primer ser viviente era semejante a un león; el segundo era semejante a un

becerro; el tercero tenía rostro como de hombre; y el cuarto era semejante a un águila volando. Y los cuatro seres vivientes tenían cada uno seis alas, y alrededor y por dentro estaban llenos de ojos; y no cesaban día y noche de decir: Santo, santo, santo es el Señor Dios Todopoderoso, el que era, el que es, y el que ha de venir. Y siempre que aquellos seres vivientes dan gloria y honra y acción de gracias al que está sentado en el trono, al que vive por los siglos de los siglos, los veinticuatro ancianos se postran delante del que está sentado en el trono, y adoran al que vive por los siglos de los siglos, y echan sus coronas delante del trono, diciendo: Señor, digno eres de recibir la gloria y la honra y el poder; porque tú creaste todas las cosas, y por tu voluntad existen y fueron creadas" (Apocalipsis 4:3-11).

Inspirado por el Espíritu de Dios, el salmista aclama que toda la tierra y los elementos de la naturaleza, en la dinámica de su existencia, adorasen a Dios.

"Cantad a Jehová cántico nuevo, porque ha hecho maravillas; su diestra lo ha salvado, y su santo brazo. Jehová ha hecho notoria su salvación; a vista de las naciones ha descubierto su justicia. Se ha acordado de su misericordia y de su verdad para con la casa de Israel; todos los términos de la tierra han visto la salvación de nuestro Dios. Cantad alegres a Jehová, toda la tierra; levantad la voz, y aplaudid, y cantad salmos. Cantad salmos a Jehová con arpa; con arpa y voz de cántico. Aclamad con trompetas y sonidos de bocina, delante del rey Jehová. Brame el mar y su plenitud, el mundo y los que en él habitan; los ríos batan las manos, los montes todos hagan regocijo delante de Jehová, porque vino a juzgar la tierra. Juzgará al mundo con justicia, y a los pueblos con rectitud" (Salmos 98:1-9).

Los verdaderos adoradores de esta generación tienen la sensibilidad espiritual, para entender que todo lo creado fue hecho para un propósito: ¡revelar la gloria de Dios!

"Porque lo que de Dios se conoce les es manifiesto, pues Dios se lo manifestó. Porque las cosas invisibles de él, su eterno poder y deidad, se hacen claramente visibles desde la creación del mundo, siendo entendidas por medio de las cosas hechas, de modo que no tienen excusa" (Romanos 1:19, 20).

Dios creó a la humanidad para que cumpliera un papel fundamental delante de su trono de gloria.

"Este pueblo he creado para mí; mis alabanzas publicará' (Isaías 43:21). ¡Dios nos creó para alabanza de su gloria!

"Porque somos hechura suya, creados en Cristo Jesús para buenas obras, las cuales Dios preparó de antemano para que anduviésemos en ellas" (Efesios 2:10).

La gloria de Dios es el gran propósito de la creación, no sólo del hombre, sino de toda la tierra y cielos.

"Poque para él (Jesús), y por él (Jesús), y para él (Jesús), son todas las cosas" (Romanos 11:36).

"Porque en él fueron creadas todas las cosas, las que hay en los cielos y las que hay en la tierra, visibles e invisibles; sean tronos, sean dominios, sean principados, sean potestades; todo fue creado por medio de él y para él. Y él es antes de todas las cosas, y todas las cosas en él subsisten" (Colosenses 1:16,17).

Dios hace todas las cosas conforme su consejo y voluntad. Él es soberano y tiene el derecho total de recibir la honra y la gloria. El objetivo principal de la manifestación, de su presencia en la creación, es para rendirle la gloria a Él.

Los adoradores de esta generación no somos dueños de sí mismos. Hemos sido regenerados por el poder de la sangre del Cordero, para que pudiéramos ser miembros de la familia de Dios, tabernáculos del Dios vivo, templo del Espíritu Santo y morada del Altísimo.

"Así que ya no sois extranjeros ni advenedizos, sino conciudadanos de los santos, y miembros de la familia de Dios, edificados sobre el fundamento de los apóstoles y profetas, siendo la principal piedra del ángulo Jesucristo mismo, en quien todo el edificio, bien coordinado, va creciendo para ser un templo santo en el Señor; en quien vosotros también sois juntamente edificados para morada de Dios en el Espíritu" (Efesios 2:19-22).

Capítulo 3

UN CORAZÓN ADORADOR

"Alabad a Dios en su santuario; alabadle en la magnificencia de su firmamento. Alabadle por sus proezas; alabadle conforme a la muchedumbre de su grandeza. Alabadle a son de bocina; alabadle con salterio y arpa. Alabadle con pandero y danza; alabadle con cuerdas y flautas. Alabadle con címbalos resonantes; alabadle con címbalos de júbilo. Todo lo que respira alabe a JAH. Aleluya" *(Salmos 150:1-6).*

Revisando los conceptos

El concepto de adoración proviene de la palabra griega *proskyneó* y significa inclinarse, reverenciar, curvarse, besar los pies.

"Venid, adoremos y postrémonos; arrodillémonos delante de Jehová nuestro Hacedor' (Salmos 95:6).

"Entraremos en su tabernáculo; nos postraremos ante el estrado de sus pies" (Salmos 132:7)

Las páginas de las Sagradas Escrituras definen lo que es adoración para Dios y lo que es la idolatría.

"Y habló Dios todas estas palabras, diciendo: Yo soy Jehová tu Dios, que te saqué de la tierra de Egipto, de casa de servidumbre. No tendrás dioses ajenos delante de mí. No te harás imagen, ni ninguna semejanza de lo que esté arriba en el cielo, ni abajo en la tierra, ni en las aguas debajo de la tierra. No te inclinarás a ellas, ni las honrarás; porque yo soy Jehová tu Dios, fuerte, celoso, que visito la maldad de los padres sobre los hijos hasta la tercera y cuarta generación de los que me aborrecen" *(Éxodo 20:1-5).*

Sobre el altar no podemos colocar ningún otro presente u ofrenda, que no sea nuestro corazón sincero y dedicado a Dios. Nada ni nadie puede tener la primacía en el altar; porque cualquier cosa o ídolo, que coloquemos para usurpar el lugar que le corresponde al único Dios verdadero, se convierte en una maldición.

"Aquél, respondiendo, dijo: Amarás al Señor tu Dios con todo tu corazón, y con toda tu alma, y con todas tus fuerzas, y con toda tu mente; y a tu prójimo como a ti mismo" *(Lucas 10:27).*

"Jesús le dijo: Amarás al Señor tu Dios con todo tu corazón, y con toda tu alma, y con toda tu mente" (Mateo 22:37).

Para el señor Jesucristo, los que no entienden quién es el centro de nuestras prioridades (antes de otras personas y cosas) no pueden ser adoradores legítimos.

"Ninguno puede servir a dos señores; porque o aborrecerá al uno y amará al otro, o estimará al uno y menospreciará al otro. No podéis servir a Dios y a las riquezas" (Mateo 6:24).

"El que ama a padre o madre más que a mí, no es digno de mí; el que ama a hijo o hija más que a mí, no es digno de mí; y el que no toma su cruz y sigue en pos de mí, no es digno de mí. El que halla su vida, la perderá; y el que pierde su vida por causa de mí, la hallará" (Mateo 10:37-39).

Esta generación está necesitada de verdaderos adoradores. Tenemos muchas celebridades y pocos siervos; diferentes estilos y ninguna coherencia. La verdadera adoración no tiene nada que ver con ostentación, melodrama, consumismo sin límite, glamour o fama. La adoración genuina no nace de lo externo del adorador, ni es implantada en una noche de alabanza o en una campaña de avivamiento. ¡Nace del interior hacia afuera, fluyendo como ríos de agua viva! Surge, según el salmista, de un corazón quebrantado, de un espíritu contrito; y se torna en un sentimiento racional.

El salmista David también supo, que un verdadero adorador experimenta un avivamiento espiritual continuo que le permite adorar con gozo bajo cualquier circunstancia. Tenemos, en este cantor de Israel, un ejemplo magistral de cómo el adorador se comporta independientemente de la situación; ya que la verdadera adoración debe ofrecerse aun cuando las cosas no marchen a nuestro favor.

"Y Natán se volvió a su casa. Y Jehová hirió al niño que la mujer de Urías había dado a David, y enfermó gravemente. Entonces David rogó a Dios por el niño; y ayunó David, y entró, y pasó la noche acostado en tierra. Y se levantaron los ancianos de su casa, y fueron a él para hacerlo levantar de la tierra; mas él no quiso, ni comió con ellos pan. Y al séptimo día murió el niño; y temían los siervos de David hacerle saber que el niño había muerto, diciendo entre sí: Cuando el niño aún vivía, le hablábamos, y no quería oír nuestra voz; ¿cuánto más se afligirá si le decimos que el niño ha muerto? Mas David, viendo a sus siervos hablar entre sí, entendió que el niño había muerto; por lo que dijo

David a sus siervos: ¿Ha muerto el niño? Y ellos respondieron: Ha muerto. Entonces David se levantó de la tierra, y se lavó y se ungió, y cambió sus ropas, y entró a la casa de Jehová, y adoró. Después vino a su casa, y pidió, y le pusieron pan, y comió. Y le dijeron sus siervos: ¿Qué es esto que has hecho? Por el niño, viviendo aún, ayunabas y llorabas; y muerto él, te levantaste y comiste pan. Y él respondió: Viviendo aún el niño, yo ayunaba y lloraba, diciendo: ¿Quién sabe si Dios tendrá compasión de mí, y vivirá el niño? Mas ahora que ha muerto, ¿para qué he de ayunar? ¿Podré yo hacerle volver? Yo voy a él, mas él no volverá a mí." (2 Samuel 12:15-23).

Vivimos en una sociedad hedonista corriendo detrás de un placer rápido e inmediato; una sociedad arrogante y orgullosa, que no sabe oír un ¡no! Esta generación es tan corrupta, que llega atribuirle a otros las consecuencias desastrosas de sus propios pecados. David, en un tiempo en que las cosas no les eran tan fáciles, reconoció su pecado, aceptó la disciplina y, humillado, adoró al Señor.

Fuera de él no hay Dios

¡Dios es el único que existe en, por y para sí mismo! ¡Él es el GRAN YO SOY desde antes de que existieran los cielos, la tierra, ángeles y los seres humanos!

"Yo soy Jehová, y ninguno más hay; no hay Dios fuera de mí. Yo te ceñiré, aunque tú no me conociste, para que se sepa desde el nacimiento del sol, y hasta donde se pone, que no hay más que yo; yo Jehová, y ninguno más que yo, que formo la luz y creo las tinieblas, que hago la paz y creo la

adversidad. Yo Jehová soy el que hago todo esto. Rociad, cielos, de arriba, y las nubes destilen la justicia; ábrase la tierra, y prodúzcanse la salvación y la justicia; háganse brotar juntamente. Yo Jehová lo he creado. ¡Ay del que pleitea con su Hacedor! el tiesto con los tiestos de la tierra! ¿Dirá el barro al que lo labra: ¿Qué haces?; o tu obra: ¿No tiene manos?" (Isaías 45:5-9).

Dios es autoexistente y autosuficiente. Fuera de Él no hay otro Dios. Los "dioses" no dejan de ser objetos inventados y construídos por mentes pervertidas y segadas po el pecado de la idolatría.

"Pues habiendo conocido a Dios, no le glorificaron como a Dios, ni le dieron gracias, sino que se envanecieron en sus razonamientos, y su necio corazón fue entenebrecido. Profesando ser sabios, se hicieron necios, y cambiaron la gloria del Dios incorruptible en semejanza de imagen de hombre corruptible, de aves, de cuadrúpedos y de reptiles. Por lo cual también Dios los entregó a la inmundicia, en

las concupiscencias de sus corazones, de modo que deshonraron entre sí sus propios cuerpos, ya que cambiaron la verdad de Dios por la mentira, honrando y dando culto a las criaturas antes que al Creador, el cual es bendito por los siglos. Amén. Por esto Dios los entregó a pasiones vergonzosas; pues aun sus mujeres cambiaron el uso natural por el que es contra naturaleza y de igual modo también los hombres, dejando el uso natural de la mujer, se encendieron en su lascivia unos con otros, cometiendo hechos vergonzosos hombres con hombres, y recibiendo en sí mismos la retribución debida a su extravío" (Romanos 1:21-27).

"En los cuales el dios de este siglo cegó el entendimiento de los incrédulos, para que no les resplandezca la luz del evangelio de la gloria de Cristo, que es la imagen de Dios" (2 Corintios 4:4).

Los verdaderos adoradores de esta generación no pueden dividir su atención con cosas transitorias y, mucho menos, idolatrar a las criaturas.

"Yo soy Jehová; este es mi nombre; y a otro no dare mi gloria, ni mi alabanza a esculturas" (Isaías 42: 8).

Necesitamos comprender, que nosotros somos de Él; y vivimos toda nuestra forma de ser conforme a los designios del Señor. Somos invitamos para congregarnos con Él en su reino de amor. Esto es mucho más que un honor... ¡Es un privilegio!

"El cual nos ha librado de la potestad de las tinieblas, y trasladado al reino de su amado Hijo, en quien tenemos redención por su sangre, el perdón de pecados. Él es la imagen del Dios invisible, el primogénito de toda creación. Porque en él fueron creadas todas las cosas, las que hay en los cielos y las que hay en la tierra, visibles e invisibles; sean tronos, sean dominios, sean principados, sean potestades; todo fue creado por medio de él y para él. Y él es antes de todas las cosas, y todas las cosas en él subsisten" *(Colosenses 1:13-17).*

Capítulo 4

LA HABITACIÓN DE DIOS

"Vestíos, pues, como escogidos de Dios, santos y amados, de entrañable misericordia, de benignidad, de humildad, de mansedumbre, de paciencia; soportándoos unos a otros, y perdonándoos unos a otros si alguno tuviere queja contra otro. De la manera que Cristo os perdonó, así también hacedlo vosotros. Y sobre todas estas cosas vestíos de amor, que es el vínculo perfecto. Y la paz de Dios gobierne en vuestros corazones, a la que asimismo fuisteis llamados en un solo cuerpo; y sed agradecidos. La palabra de Cristo more en abundancia en vosotros, enseñándoos y exhortándoos unos a otros en toda sabiduría, cantando con gracia en vuestros corazones al Señor con salmos e himnos y cánticos espirituales. Y todo lo que hacéis, sea de palabra o de hecho, hacedlo todo en el nombre del Señor Jesús, dando gracias a Dios Padre por medio de él" *(Colosenses 3:12-17).*

¡Déjalo entrar!

Todo adorador necesita tener un encuentro personal con Dios. Muchos en esta generación llegan a experimentar una ilusión religiosa y mística que, lamentablemente, no es suficiente para garantizar una habitación real y permanente del Espíritu Santo en sus vidas. Pero, como ya lo dijo el Señor, por medio del Rey David: "Si oyereis hoy su voz, no endurezcáis vuestros corazones". (Lea Salmos 95:7, 8; Hebreos 4:7).

"Y escribe al ángel de la iglesia en Laodicea: He aquí el Amén, el testigo fiel y verdadero, el principio de la creación de Dios, dice esto: He aquí, yo estoy a la puerta y llamo; si alguno oye mi voz y abre la puerta, entraré a él, y cenaré con él, y él conmigo" (Apocalipsis 3:14 y 20).

"Y oí una gran voz del cielo que decía: He aquí el tabernáculo de Dios con los hombres, y él morará con ellos; y ellos serán su pueblo, y Dios mismo estará con ellos como su Dios. Enjugará Dios toda lágrima de los ojos de ellos; y ya no habrá muerte, ni habrá más llanto, ni clamor, ni dolor; porque las primeras cosas pasaron" (Apocalipsis 21:3,4).

Tengamos en cuenta que, desde la antigüedad, la humanidad ha buscado lugares sagrados y construcciones exclusivas para adorar, como por ejemplo: altares, sagrarios, templos, catedrales, sinagogas y casas. Ya sean éstos hechos de diferentes formas y con distintos materiales

Jesús, en un momento de su ministerio, discutió la teología de la adoración con una mujer samaritana; dejando un principio establecido hasta el día de hoy: no existe un mejor templo ni un mejor lugar sagrado, para la adoración individual, como nuestro propio cuerpo; y colectivamente en la unidad del cuerpo de Cristo, como su iglesia. (Juan 4:19-24).

"Mas vosotros no vivís según la carne, sino según el Espíritu, si es que el Espíritu de Dios mora en vosotros. Y si alguno no tiene el Espíritu de Cristo, no es de él" (Romanos 8:9).

Lo siguiente son consejos para esta generación de adoradores, que necesitan tomar acción para *¡la renovación de su mente!*

"Así que, hermanos, os ruego por las misericordias de Dios, que presentéis vuestros cuerpos en sacrificio vivo, santo, agradable a Dios, que es vuestro culto

racional. No os conforméis a este siglo, sino transformaos por medio de la renovación de vuestro entendimiento, para que comprobéis cuál sea la buena voluntad de Dios, agradable y perfecta" (Romanos 12:1,2).

¡Transformados para adorar!

Ser adoradores con excelencia implica, sin lugar a discusión, haber experimentado el nuevo nacimiento, ser imitadores de Cristo y aceptar la vocación de Dios en sus vidas.

Los fieles adoradores buscando la santidad

"Por lo demás, hermanos, os rogamos y exhortamos en el Señor Jesús, que de la manera que aprendisteis de nosotros cómo os conviene conduciros y agradar a Dios, así abundéis más y más. Porque ya sabéis qué instrucciones os dimos por el Señor Jesús; pues la voluntad de Dios es vuestra santificación; que os apartéis de fornicación; que cada uno de vosotros sepa tener su propia esposa en santidad y honor; no en pasión de concupiscencia, como los gentiles que no conocen a Dios; que ninguno agravie

ni engañe en nada a su hermano; porque el Señor es vengador de todo esto, como ya os hemos dicho y testificado. Pues no nos ha llamado Dios a inmundicia, sino a santificación. Así que, el que desecha esto, no desecha a hombre, sino a Dios, que también nos dio su Espíritu Santo" (1 Tesalonicenses 4:1-8).

"Así que, amados, puesto que tenemos tales promesas, limpiémonos de toda contaminación de carne y de espíritu, perfeccionando la santidad en el temor de Dios. Admitidnos: a nadie hemos agraviado, a nadie hemos corrompido, a nadie hemos engañado" (2Corintios 7:1,2).

El autor a los hebreos dice que sin la corrección de errores, sin la comunión (la paz con todos) y sin santidad nadie podrá ver a Dios. (Hebreos 12. 10-15).

El apóstol Pedro también relaciona la obediencia, la sabiduría y el estilo de vida con la búsqueda de la santidad de Dios.

"Como hijos obedientes, no os conforméis a los deseos que antes teníais estando en vuestra ignorancia; sino, como aquel que os llamó es santo, sed también vosotros santos en toda vuestra manera de vivir; porque escrito está: Sed santos, porque yo soy santo" (1 Pedro 1:14-16).

El imperativo de ser hijos obedientes y santos es un honor y un privilegio. Dios tiene la buena intención de hacernos partícipes de su gloria, de su virtud y de su naturaleza, librándonos de la *"corrupción y de las pasiones de este mundo ".* (2 Pedro 1.3-11).

CONCLUSIÓN

La santidad y la adoración no se miden por la cantidad de sacrificios, ayunos y oraciones; mas se miden por la calidad de nuestras actitudes; ya sean éstas corporales, mentales, emocionales o espirituales.

El poder de los adoradores fieles está en la virtud del Espíritu Santo. La virtud y el poder del Espíritu Santo nos concede el carácter de Cristo, el amor del Padre y el fruto del propio Espíritu de Dios.

Para que podamos ser verdaderos adoradores necesitamos exhalar y ventilar el buen perfume o la fragancia de Cristo. (2 Co. 2:15).

Imitemos, pues, el carácter de Cristo; aprendamos de Él; y sigamos sus pisadas. ¡Dios los bendiga a todos! Amén.

Adoradores fieles de esta generación

Rodrigo G. Izidoro Silva

Acerca del autor

Rodrigo G. Izidoro Silva es originario de la ciudad de San Paulo, Brazil. Cursó la licenciatura en teología, y un doctorado en misionología transcultural en la Facultad Teológica de las Asambleas de Dios en Brazil. Es fundador y pastor de Ministerio Ríos de aguas vivas en Brazil; y también fundador y presidente de la Fundación Internacional Alimentando Naciones (FIAN). Ha colaborado por más de veinte años a favor de misioneros en lugares de extrema necesidad, donde también es conocido por su ministerio de la predicación y sanidad divina. No hay la menor duda de que, el pastor Rodrigo, nació para servir, congruente con su lema: Hacer obra misionera es hacer lo que nadie quiere hacer, y estar donde nadie quiere estar; pues la verdadera religión es ayudar a los huérfanos y a las viudas en sus tribulaciones.

Notas

Adoradores fieles de esta generación

Rodrigo G. Izidoro Silva

Dios te bendiga!